# LE VRAI
# SUFFRAGE UNIVERSEL

ET

## NOUVELLE JURIDICTION

### EN MATIÈRE POLITIQUE

### Par E. MACÉ

La prépondérance du capital sur le travail menant au despotisme, celle du travail sur le capital menant à la dictature, nous les repoussons l'une et l'autre comme également mauvaises ; mais nous ne cesserons de demander qu'on fasse l'équilibre entre eux, parce que c'est juste, parce que lui seul peut nous donner liberté et prospérité ; parce qu'en dehors de lui il n'y a que mensonge, arbitraire, déchirements intérieurs, catastrophes épouvantables et finalement domination étrangère

### 2e ÉDITION

#### REVUE ET AUGMENTÉE

#### PRIX : **50** C.

### MONTLUÇON

IMPRIMERIE ET LITHOGRAPHIE PROT, BOULEVARD DE BRETONNI

SEPTEMBRE 1871.

# ERRATA

~~~~~~

Page 2, 13e ligne, lisez : *moins* digne, au lieu
de *même* digne.

Page 12, 17e ligne, supprimez le mot *jus*, et
lisez : *fruits secs de la politique.*

———————

# LE VRAI SUFFRAGE UNIVERSEL

## ET NOUVELLE JURIDICTION

### EN MATIÈRE POLITIQUE

Le suffrage universel étant la pierre angulaire de notre édifice politique et social, il importe de l'asseoir sur le roc large et solide de la démocratie, afin que les intérêts de tous les citoyens soient également sauvegardés.

Le système actuel atteint-il ce but? Non : car ses tendances sont au contraire essentiellement aristocratiques.

En effet, le fonctionnement de la loi électorale, depuis 1848, a eu constamment pour résultat de conduire triomphalement le capital au Corps législatif, et d'en fermer systématiquement l'entrée au travail qui a pourtant, lui aussi, une somme bien considérable d'intérêts à sauvegarder.

Dira-t-on que telle était la volonté du peuple et qu'il faut s'y soumettre? Nous répondrons que le peuple, sauf quelques rares exceptions qui ont donné des résultats bien différents, n'a pas jusqu'ici manifesté sa volonté; car nous ne pouvons appeler de ce nom la ratification qu'il a faite, d'une manière aussi inconsciente qu'indifférente, des choix de l'administration.

Il est un principe de toute équité qu'aucune considération politique, aucune loi ne saurait détruire ni même atténuer : « Un contrat ne peut lier que les parties contractantes. »

Si donc les citoyens doivent obéissance aux lois, c'est à condition qu'elles ne seront pas faites sans eux et surtout contre eux, et que tous au contraire coopéreront à leur élaboration, à leur institution, soit par eux-mêmes, soit par leurs mandataires.

Or, ce principe, les élections passées sont là pour le constater, a toujours été foulé aux pieds.

Dans l'ordre civil, la loi se montre pour le mineur d'une sollicitude toute paternelle; elle l'entoure d'une double garantie; ainsi, non-seulement elle lui donne un tuteur pour administrer sa personne et ses biens, mais encore un subrogé-tuteur pour surveiller l'administration de celui-là et le remplacer dans le cas où les intérêts du tuteur et du pupille seraient en opposition.

La condition de l'artisan ou du petit cultivateur, ces mineurs politiques, est-elle même digne d'intérêt vis-à-vis de la société?

Ou bien serait-on dispensé en politique d'observer les règles de l'équité?

Le suffrage universel, essentiellement démocratique, s'écarte de son but originel faute d'organisme ou des précautions suffisantes; ses tendances sont devenues aussi aristocratiques qu'autrefois, sous l'empire de la loi censitaire emportée par l'ouragan populaire de 1848.

Que fait le nom, si l'abus reste?

Sous prétexte d'égalité, égalité menteuse qui n'existe ni dans nos mœurs ni dans nos institutions et qui n'est inscrite au frontispice de nos lois que comme une pierre d'attente, on confond tous les rangs, toutes les professions, tous les intérêts, comme si la confusion était l'égalité et l'harmonie; comme si elle n'était pas au contraire la négation de l'une et de l'autre. Aussi que sort-il de l'urne électorale, à la faveur de cette cohue politique? Neuf fois sur dix, au moins, le nom d'un privilégié de fortune, de rang ou de naissance.

Il n'en saurait être autrement, attendu que le capital a dans sa main le sort des ouvriers. Il le sait et ils le savent. D'ailleurs, il a bien soin de le leur remettre en mémoire, à chaque occasion, d'un ton doucereux il est vrai, car il a trop de tact et de savoir-faire pour parler chassepot et prison le jour des élections.

Placé entre sa conscience et la crainte de mourir de faim, l'ouvrier n'hésite pas, ne saurait hésiter. Il se passe lui-même la corde au cou, et l'on appelle cela manifester sa volonté! Nous l'appelons, nous, subir le joug de la nécessité.

Avant l'invention de la poudre et des armes à feu, les choses se passaient absolument de même sur les champs de bataille. Pour en venir aux mains, les armées étaient obligées de se précipiter l'une contre l'autre, et, dans cet affreux mélange d'hommes et d'armes, les fiers à bras faisaient un horrible carnage du menu frétin de l'armée ennemie, jusqu'à ce que, las de tuer et prenant tout-à-coup un air magnanime, ils jugeaient à propos d'accorder la vie aux tristes débris de cette boucherie humaine et les emmenaient en captivité comme un vil bétail.

Les mêlées électorales ne versent pas le sang; mais sont-elles moins désastreuses? Les capitalistes, qui se feraient un scrupule de toucher à un cheveu de leurs adversaires, les livrent sans pitié à la misère, et ce bourreau aux mille tortures les plie sans peine au joug du salariat non moins dur que l'esclavage antique.

Ouvrons les yeux, faisons un effort collectif, suprême, décisif, pour sortir de ce chaos politique où tout tourne à l'avantage des forts et des habiles, au grand dommage de l'intérêt général. Que faut-il pour cela? Suivre l'exemple donné par la France de 89.

L'Assemblée constituante de cette mémorable époque,
personne ne le niera, fut la plus illustre et aussi la plus
complète assemblée politique qui ait jamais été appelée à
donner des lois à un peuple, sans en excepter le Sénat
Romain, car celui-ci ne représentait qu'une caste privi-
légiée, l'aristocratie, tandis que celle-là représentait en
réalité la nation tout entière. En effet, si d'un côté le
clergé et la noblesse avaient leurs députés, choisis par
eux et au milieu d'eux, d'un autre côté, le tiers Etat, qui
comprenait tout le reste de la nation, avait aussi ses
mandataires nommés dans les mêmes conditions que ceux
du clergé et de la noblesse; dès-lors, tous ces représentants devaient avoir et eurent effectivement les mêmes
passions, les mêmes idées, les mêmes convictions, les
mêmes intérêts que leurs commettants. En défendant
leur cause, c'était la leur propre qu'ils se trouvaient sou-
tenir. Ayant, ceux-ci à détruire, ceux-là à protéger le
monstrueux assemblage de priviléges séculaires, il ne
faillirent ni les uns ni les autres à leur tâche. Tous furent
électrisés en sens divers par la Révolution. Aussi vit-on
jamais une plus majestueuse réunion de talents, de patriotisme, d'énergie, de convictions inébranlables, soit
dans le bien, soit dans le mal? Vit-on jamais accomplir
de si grandes choses et changer la face du monde en si
peu de temps?

Pourquoi nous obstiner, comme des enfants mutins, à
abandonner la route si large et si belle que nos glorieux
ancêtres nous ont tracée au prix de leur sang? Pourquoi
nous obstiner à vouloir réunir ce qui est antipathique,
l'intérêt du capitaliste et celui de l'ouvrier? le feu et
l'eau? Qu'elle folie! Voulons-nous arriver enfin à l'harmonie sociale, sans laquelle il n'y a qu'anarchie et désordre,

despotisme et corruption? Voulons-nous arriver à l'égalité, non d'individu à individu, ce qui est une utopie, mais à l'égalité de classe à classe, la seule vraie, la seule possible? Imitons les hommes de 89, imitons surtout la nature; groupons ensemble les forces semblables; séparons les éléments contraires. On y parviendra en rendant le suffrage réellement universel, en donnant à tous les intérêts, sans exception, la faculté de se produire, de s'affirmer, de se défendre, et cela par une loi dont voici les principales dispositions :

Art. 1er. — Seront électeurs tous les citoyens français ou naturalisés français, majeurs, habitant la France ou ses colonies, à l'exception des condamnés à une peine infamante, des aliénés, des interdits, des pourvus de conseil judiciaire, de tous ceux enfin qui ne jouiront pas de la plénitude de leurs faculté intellectuelles.

Art. 2. — Les condamnés politiques ne pourront jamais être privés des droits électoraux.

Art. 3. — Seront éligibles tous les électeurs inscrits âgés de 25 ans révolus, sachant lire et écrire.

Art. 4. — La représentation nationale comprenant la France et les colonies sera composée d'un député à raison de 10,000 électeurs. Ils seront nommés, pour deux ans, à la pluralité des voix, et devront être choisis, à peine de nullité de l'élection, dans le groupe professionnel auquel ils appartiendront.

Durant la législature, et même pendant l'année qui la suivra, ils ne devront solliciter ni accepter du pouvoir exécutif, soit pour eux-mêmes, soit pour autrui, aucune fonction, mission, faveur, distinction, avancement, présent, titre de quelque nature que ce puisse être, à peine d'être réputés démissionnaires dans le premier cas et poursuivis comme concussionnaires dans le second.

Art. 5. — Les députés n'ayant aucun revenu recevront de l'Etat, à titre de traitement, 6,000 fr. pour chaque session dont la durée ne devra pas excéder une année ni être moindre de huit mois. Ceux qui auront un revenu inférieur à 6,000 fr. recevront un traitement suffisant pour parfaire cette somme. Hors ces deux cas, il ne sera accordé aucun traitement. Les députés de l'Algérie et des Colonies auront en outre droit à des frais de voyage.

Art. 6.—Les listes électorales seront dressées du 1er au 15 janvier de chaque année par le maire et rendues publiques, aussitôt après leur achèvement. Elles seront divisées en douze colonnes : la première comprendra les noms et domiciles des électeurs ; les onze autres leurs professions. L'addition sera faite au bas et à la fin de chaque colonne.

Seront portées dans la même colonne toutes les professions de même nature et celles qui, quoique dissemblables, auront cependant un intérêt commun.

Art. 7. — Le premier groupe professionnel sera composé de tous les ouvriers des champs, manœuvres, jardiniers, terrassiers, vignerons ayant pour unique ressource le travril de leurs bras, pour tout capital leur mobilier, leurs outils et instruments de travail.

Le deuxième, des fermiers, métayers, colons, jardiniers, vignerons, laboureurs, petits propriétaires, régisseurs de biens ruraux possédant quelque immeuble ou un capital non suffisant pour leur permettre de vivre sans un travail ou une industrie quelconques.

Le troisième, des grands propriétaires terriens possédant un revenu supérieur à leurs besoins et ne se livrant à d'autres occupations que celles ayant pour objet l'administration de leurs biens.

Le quatrième, des artisans des villes, bourgs et villages de tous métiers, travaillant, soit chez les autres, soit à leur domicile sans occuper d'ouvrier, des chefs d'atelier, des contre-maîtres, des domestiques et gens à gages, de tous ceux enfin qui vivent du travail de leurs bras.

Le cinquième, des commerçants des villes, bourgs et villages et des patrons occupant habituellement un ouvrier ou au moins un apprenti.

Le sixième, des greffiers, huissiers, avoués, agréés, avocats, notaires, médecins, agents de change, agents d'affaires, hommes de lettres, savants, artistes, journalistes, propriétaires urbains et rentiers autres que ceux de l'État.

Le septième, des clercs d'avoués, d'huissiers et de notaires, des secrétaires, des employés de particuliers, quelle que soit leur dénomination, des expéditionnaires, sténographes, commis de magasins, élèves en pharmacie, étudiants en droit en en médecine, élèves des lycées, collèges, écoles préparatoires.

Le huitième, des instituteurs et professeurs.

Le neuvième, des fonctionnaires et rentiers de l'Etat.

Le dixième, des militaires sous les drapeaux.

Le onzième, des ecclésiastiques, des élèves des séminaines, des religieux de tous ordres.

ART. 8. — Nul ne pourra changer de groupe à moins d'exercer une nouvelle profession appartenant à un groupe différent et d'en avoir fait la déclaration à la mairie.

ART. 9. — Les électeurs voteront au chef-lieu de la commune de leur domicile ; à cet effet, il sera placé aux murs extérieurs de la mairie une boîte pour chaque groupe professionnel ; elle aura deux ouvertures, dont l'une recevra les cartes et l'autre les bulletins. Le scrutin sera ouvert un seul jour : le dimanche, de huit heures du matin à cinq heures du soir. Le dépouillement se fera au fur et à mesure des votes, par le maire ou un conseiller municipal assisté de deux électeurs désignés par le sort. Les électeurs ayant voté pourront y assister.

ART. 10. — Si, dans la même commune, il se trouve un groupe de 10,000 électeurs inscrits, le recensement sera fait et le résultat proclamé aussitôt après la clôture du scrutin. Pour les autres groupes, procès-verbal sera dressé et envoyé avec les bulletins et cartes à l'appui au chef-lieu de la circonscription, où se fera le recensement général.

ART. 11. — Sera chef-lieu de circonscription la commune où se trouvera le plus grand nombre d'électeurs composant la ou les professions de chaque groupe. Ce chef-lieu sera désigné tous les cinq ans par un conseil formé de 10 conseillers municipaux, 5 d'arrondissement et 3 conseillers généraux, tous tirés au sort. Il tiendra ses séances au chef-lieu du département. Si aucun groupe ne compte 10,000 électeurs dans le département, le Corps législatif désignera le chef-lieu de la circonscription.

ART. 12. — Tout électeur qui voudra changer de domicile en

fera la déclaration au maire. Celui-ci radiera son nom de la liste électorale et en donnera aussitôt avis au maire de la commune où l'électeur aura déclaré vouloir transporter son domicile. Il sera immédiatement inscrit sur la liste électorale de cette commune. Ces formalités devront être remplies 15 jours au moins avant les élections, sinon l'électeur ne pourra voter qu'au lieu de son ancien domicile.

Art. 13. — Les délits et contraventions en matière électorale seront jugés par le conseil municipal de la commune où ils auront été commis. Les appels seront portés devant un tribunal composé de 4 conseillers généraux, 4 conseillers d'arrondissement et 3 conseillers municipaux, tous désignés par le sort. Ne pourront en faire partie les conseillers municipaux ayant rendu la décision frappée d'appel. Ce tribunal siégera au chef-lieu du département et sera renouvelé tous les ans. Les crimes rentrent dans le droit commun.

L'équilibre est le grand principe régulateur et conservateur de l'univers, en dehors duquel rien ne saurait fonctionner utilement ni même exister longtemps.

Le feu et l'eau en sont les principaux agents, les plateaux de la balance providentielle, mis en rapport et en mouvement au moyen des lois sages, admirables, mystérieuses de la création, balance d'une justesse, d'une précision irréprochables, dans laquelle sont pesées les nations à tour de rôle.

Quand il plaira à Dieu de refaire le chaos, il n'aura qu'à rompre cet équilibre, à lancer violemment un des plateaux contre l'autre, il s'ensuivra une collision épouvantable, indescriptible de plusieurs jours, de plusieurs semaines peut-être; le feu sera éteint, l'eau évaporée; puis la nuit, nuit horrible, impénétrable, éternelle, ressaisira le monde.

Dans notre coin de terre, où s'agitent tumultueusement de grands et petits intérêts, on peut se rendre compte, bien que dans une infime mesure, des effets funestes d'un conflit né de la rupture ou de l'absence d'équilibre entre deux éléments contraires.

Qu'on mette le feu et l'eau en contact, qu'arrivera-t-il ? L'un détruira l'autre.

Soit le feu évaporera l'eau ; soit celle-ci éteindra le feu. Dans les deux cas, l'élément vainqueur, comme un plateau de balance demeuré seul, n'est plus qu'un objet de rebut.

Donc, une ruine et un peu de vapeur inutile, voilà le fruit de cette lutte insensée.

Si, au contraire, les deux éléments, isolés, sont mis en rapport au moyen d'un mécanisme ingénieux, on obtient de leur équilibre, non plus un nuage vagabond, inutile, mais une certaine quantité de vapeur, à l'état fixe et docile, un agent producteur de premier ordre, et cela, tant qu'il reste une goutte d'eau et une étincelle de feu.

Loin de se combattre, de se nuire, ces deux éléments s'entr'aident pour concourir au même but : la production. Ils vérifient ces mots très vrais de Proudhon : La liberté s'aide.

De même, si l'on veut équilibrer le capital et le travail, faire l'accord, l'harmonie entre ces deux plateaux de la balance sociale dans laquelle sont pesés les intérêts des citoyens, si l'on veut qu'ils concourent au même but, la prospérité nationale, il faut d'abord les isoler, puis les mettre en communication, les unir au moyen d'un système équitable, rationnel, logique.

En persistant à les confondre, sous prétexte d'une égalité fallacieuse, on n'aboutit qu'à une inégalité choquante, à une lutte continuelle, jusqu'à ce que l'un ait dominé ou détruit l'autre.

Votre machine électorale ressemble à l'outre d'Eole.

Les passions enfermées dans un étroit espace, surexcitées, envenimées, chauffées à blanc, se livrent des combats à outrance, puis finissent par briser leur prison et semer partout la désolation et la ruine.

En Europe, dans le monde entier, le travail est asservi au capital.

Cette grande iniquité sociale a causé la ruine de tous les peuples anciens ; elle entraînera la nôtre si nous n'y portons un prompt remède.

Déjà les signes de décadence se manifestent de toutes parts. L'heure fatale approche.

Les harangues pompeuses, élogieuses, les rodomontades puériles, les évocations fréquentes d'un passé glorieux, les phrases boursouflées et creuses, les récriminations réciproques, tout ce levain de discordes civiles, dont la presse et la tribune abondent, ne feront que l'avancer, en développant le germe désorganisateur, en nous trompant sur notre situation réelle.

Travailleurs des campagnes et des villes, c'est à vous, dont le bon sens n'est pas aveuglé par les passions politiques, que nous nous adressons spécialement.

Lisez, méditez nos paroles, et lorsque vous serez convaincus de leur vérité, substituez promptement à votre Babel électorale, véritable gâchis universel, qui rappelle la fable du *Pot de Terre* et du *Pot de Fer* cheminant imprudemment côte à côte ; substituez-lui notre méthode simple, pratique, équitable qui, en plaçant et maintenant le pot de terre à distance respectueuse du pot de fer, empêche celui-ci de briser celui-là.

Avec le système actuel, le travail et le capital guerroyant sans cesse, se paralysant mutuellement, continueront à être des agents de perdition.

Qu'on juge l'arbre aux fruits : après vingt années d'existence il conduit à l'abîme ; car, il faut bien le reconnaître, si le suffrage universel ne se fût pas montré si complaisant, si servile envers l'Empereur, si, au lieu d'approuver tous ses actes, il les eût contrôlés sévèrement, Napoléon n'aurait pas osé chercher à la Prusse une querelle d'Allemand et nous embarquer dans une guerre terrible pour consolider sa dynastie ou satisfaire la soif de conquêtes et de gloire qui est le fond du caractère national.

L'épreuve n'est-elle pas suffisante ? Veut-on la recommencer au même prix ?

Amenés au contraire par le nôtre à l'équilibre, ils s'entr'aideront et deviendront les plus puissants auxiliaires de notre prospérité au dedans, de notre grandeur au dehors.

Le premier est l'ombre, le second la réalité du suffrage universel. Choisissez !

---

## RÉPONSE AUX CRITIQUES.

Fontenelle disait un jour : « Si j'avais les mains pleines de vérités, je me garderais bien de les ouvrir. »

Nous n'avons pas imité cette conduite prudente, mais égoïste, grâce à laquelle cet illustre Normand a terminé en paix une longue et heureuse carrière.

Mal nous en a pris.

Notre franchise nous a valu bon nombre de critiques et d'injures.

Celles-ci, cédant à la loi d'attraction, sont allées à l'égout. Bon voyage !

Elle nous a valu aussi des marques de sympathie ; merci aux personnes bienveillantes qui nous les ont données.

S'il fallait relever toutes les objections, tous les *mais*, tous les *si* que la routine nous a jetés dans les jambes, pour avoir occasion de rester dans son ornière, nous n'en finirions pas.

Essayons pourtant.

Quelques-uns affirment que notre système n'a pas le sens commun.

Rien ne trouve grâce devant les sots.

N'en ont-ils pas dit autant — car ils sont de tous les temps et de tous les pays — du christianisme au berceau, de l'entreprise gigantesque de Christophe Colomb voguant vers l'inconnu, de la découverte de Galilée, des vagissements de la vapeur naissante, des admirables machines de Stephenson, etc. ?

Ces précieuses conquêtes de l'intelligence n'en ont pas moins fait leur chemin.

En attendant, pour répondre à ces fruits secs, jus de la politique, qu'ils aient motivé leur jugement — ce dont nous les croyons incapables — nous leur rendrons dédain pour dédain.

Au reste, le public jugera lequel est le plus sensé, du suffrage actuel qui, par son silence imprévoyant, laisse toute latitude aux électeurs qui, fort heureusement, n'en abusent pas, de nommer non-seulement des conseillers, mais encore des députés illettrés, ou d'un système qui exige au moins, des candidats, la garantie d'une instruction élémentaire.

Secouons la poussière de nos souliers et passons.

Voici des gens qui s'imaginent que notre méthode produirait des corporations ou associations ouvrières.

Nous ne voyons pas comment. Car il n'est pas dit le plus petit mot de ces sociétés ni d'aucune autre.

Nous croyons même que les diverses professions, dont chaque groupe ouvrier se compose, entraveraient plutôt qu'elle ne favoriseraient le développement de ces sociétés, si elles parvenaient à se constituer.

Ils ont pensé que ces groupes, formés seulement en vue de l'élection, seraient permanents, tandis qu'au contraire ils sont dissous aussitôt après le vote.

De là leur erreur.

Il faut être bien aveugle ou de bien mauvaise foi pour confondre une loi électorale avec une loi d'association.

Inutile de s'arrêter davantage à cette objection qui n'est pas fondée et qui, le fût-elle, constituerait plutôt un avantage qu'un vice, puisque les sociétés ouvrières sont considérées comme un progrès réel au point de vue de l'organisation du travail et du bien-être des masses.

Comme il existe une loi sur les associations, nos contradicteurs feront bien d'en étudier l'économie, ils reviendront alors certainement de leur méprise.

Un grand nombre s'élèvent contre notre ouvrage, parce qu'il consacre les droits électoraux des ecclésiastiques, qui devraient, au contraire, suivant eux, en être privés.

Si on retournait la proposition contre ses auteurs, vraisemblablement ils s'indigneraient, et ils auraient raison.

Pourquoi deux poids et deux mesures?

Les ecclésiastiques ne jouissent-ils pas, comme tous les autres citoyens, des droits civils et politiques? ne rendent-ils pas, comme tous les autres, des services à la société? Parmi ceux qui veulent les dépouiller inconsidérément de toute participation à la souveraineté nationale, en est-il un seul qui n'ait pas recours à leur ministère, qui ne le réclame pas, à l'occasion, soit pour les siens, soit pour lui-même?

Les comices doivent être ouverts à tous. Chacun doit pouvoir y agir, dans sa sphère, en toute liberté, choisir, sans entraves, les défenseurs naturels de ses intérêts.

Donc pas d'ostracisme.

Les capitalistes objectent que les classes laborieuses auront trop de représentants.

C'est impolitique, disent-ils.

Qu'importe, pourvu que ce soit juste.

La puissance du nombre fera ainsi contre-poids à celle des écus, et l'équilibre entre le capital et le travail, auquel nous visons, s'accomplira.

Ils ajoutent :

Les ouvriers ne trouveront point dans leurs rangs des hommes assez éclairés, assez instruits, assez habiles pour les représenter convenablement; par conséquent, il serait imprudent de leur abandonner l'administration du pays.

S'il s'agissait de déclamer des discours émaillés de néologismes, de mots à sensation, de périodes irréprochables, selon les règles de la grammaire et de l'art, évidemment les gros bonnets du barreau et de la presse remporteraient le prix.

Si, d'un autre côté, les représentants des masses devaient être nos seuls législateurs, s'ils manquaient d'intelligence, de bon sens, d'équité comme ils manquent d'habileté, il serait effectivement dangereux de leur remettre le gouvernail de l'Etat.

Mais il n'en sera pas ainsi.

A côté de ces nouveaux venus dans le palais législatif, dont on doit, pour être juste, reconnaître le désintéressement, le patriotisme, le bon sens, viendront s'asseoir les autorités de la science, les jurisconsultes éminents, les littérateurs les plus distingués, les artistes les plus habiles, la fine fleur du barreau, de la presse et de la chaire.

Les premiers seront, pour employer une image vulgaire, les gros bataillons; les seconds, l'état-major de la nouvelle armée parlementaire.

Lorsque l'ennemi nous pressait de toutes parts, on faisait appel à tous les dévouements, à toutes les intelligences. Pourquoi ne pas faire de même, lorsqu'il s'agit de créer des lois durables et justes? Elles ne le seront jamais qu'à la condition d'être l'œuvre consciencieuse d'une coopération générale ; autrement, créées par un parti, elles seront renversées par un autre.

Ce qui a fait dire à un illustre écrivain : A force de changer, c'est toujours la même chose.

Il est temps de renoncer aux discours byzantins, dont le plus grave inconvénient est de nous diviser, d'embrouiller toutes les questions, le moindre de gaspiller un temps précieux.

La tribune et la presse, qui devraient être le champ de discussions graves, calmes, fécondes, sont devenues l'arène des passions les plus funestes, les plus subversives.

Si l'on veut que la France redevienne puissante et glorieuse, il faut modifier notre système représentatif, évidemment défectueux, surtout à l'encontre des travailleurs, et, par conséquent, réformer le suffrage universel qui en est la base.

Un mot avant de terminer.

Par un article additionnel, nous attribuons aux Conseils municipaux, et, par voie d'appel, aux Conseils généraux, la connaissance des délits politiques.

Nous en dessaisissons les tribunaux civils :

1º Parce qu'ils ont une mission étrangère à la politique;

2º Parce que l'inamovibilité n'est pas toujours en politique une garantie suffisante d'impartialité.

Témoin la scandaleuse affaire du président Delesvaux, véritable âme damnée du pouvoir.

Cette garantie d'impartialité, que l'on doit chercher en dehors de la sphère gouvernementale, on la trouvera complète dans les Conseils généraux et municipaux.

Indépendants du pouvoir exécutif par la nature même de leurs fonctions, les membres de ces conseils deviendront, quand le peuple le voudra, des juges possédant toutes les qualités désirables pour la bonne administration de la justice politique.

Cette modification aurait en outre le mérite de conduire à la décentralisation administrative, plus sûrement que la nouvelle loi sur les Conseils généraux, qui va créer un conflit inévitable entre l'autorité préfectorale et l'autorité départementale, jusqu'à ce que l'une se soit assujetti l'autre.

MONTLUÇON, IMP. PROT.